www.ingramcontent.com/pod-product-compliance
Lightning Source LLC
Chambersburg PA
CBHW060855220526
45466CB00003B/1380
* 9 7 8 1 6 7 6 6 1 9 0 2 4 *